Día de la independencia

Rebecca Rissman

Heinemann Library
Chicago, Illinois

www.heinemannraintree.com

Visit our website to find out more information about Heinemann-Raintree books.

To order:

☎ Phone 888-454-2279

🖥 Visit www.heinemannraintree.com to browse our catalog and order online.

Edited by Adrian Vigliano and Rebecca Rissman
Designed by Ryan Frieson
Picture research by Tracy Cummins
Leveling by Nancy E. Harris
Originated by Capstone Global Library Ltd.
Printed in China by South China Printing Company Ltd.
Translation into Spanish by DoubleOPublishing Services

15 14 13 12 11 10
10 9 8 7 6 5 4 3 2 1

Library of Congress Cataloging-in-Publication Data
Rissman, Rebecca.
  [Independence Day. Spanish]
  Día de la independencia / Rebecca Rissman.
      p. cm.—(Fiestas)
  Includes bibliographical references and index.
  ISBN 978-1-4329-5390-4 (hc)—ISBN 978-1-4329-5409-3 (pb)
1. Fourth of July—Juvenile literature. 2. Fourth of July celebrations—Juvenile literature. I. Title.
  E286.A16218 2011
  394.2634—dc22   2010034163

Acknowledgments
The author and publishers are grateful to the following for permission to reproduce copyright material: Corbis ©Ariel Skelley **p.4**; Corbis ©Steve Cicero **p.5**; Corbis ©Bettmann **p.13**; Corbis ©Bob Daemmrich **p.21**; Getty Images/Jeff Corwin **p.19**; istockphoto ©Sean Locke **p.16**; istockphoto ©Leo Blanchette **p.22**; Library of Congress Prints and Photographs Division **p.14**; Shutterstock ©Suzanne Tucker **p.17**; Shutterstock ©Moritz Frei **p.18**; Shutterstock © Karla Caspari **p.20**; The Bridgeman Art Library International ©Look and Learn **p.6**; The Bridgeman Art Library International ©The Berwick Collection, Shropshire, UK/National Trust Photographic Library/John Hammond **p.8, 23c**; The Bridgeman Art Library International ©Collection of the New-York Historical Society, USA **p.10**; The Bridgeman Art Library International ©Peter Newark American Pictures **pp.12, 23b**; The Granger Collection, New York **pp.9, 11, 15, 23a, 23d**.

Cover photograph of July 4th Fireworks, New York reproduced with permission of Getty Images/Jumper. Back cover photograph reproduced with permission of Shutterstock ©Suzanne Tucker.

Every effort has been made to contact copyright holders of any material reproduced in this book. Any omissions will be rectified in subsequent printings if notice is given to the publisher.

Contenido

¿Qué es una fiesta?

Una fiesta es un día especial. Las personas celebran las fiestas.

El Día de la independencia es una fiesta.
El Día de la independencia es en julio.

La historia del Día de la independencia

En el siglo XVII, algunas personas dejaron Inglaterra y navegaron a América. Se establecieron allí.

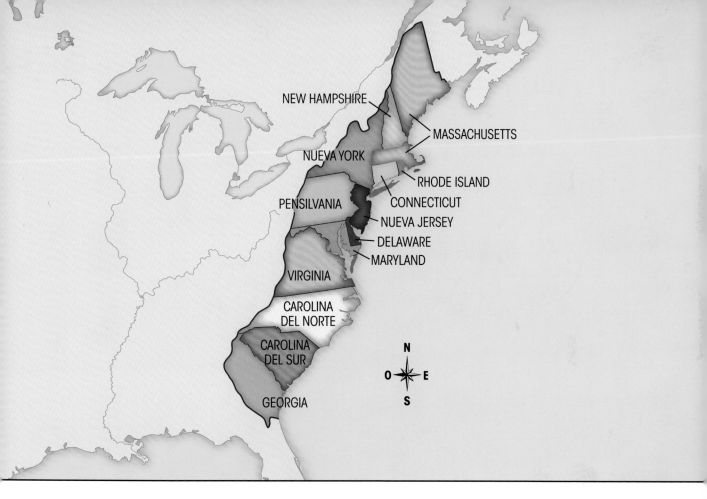

Vivían en las trece colonias. Las colonias eran grupos de habitantes gobernados por el rey de Inglaterra.

7

El rey obligaba a las colonias a pagar
impuestos a Inglaterra.

Los habitantes de las colonias creían que esto no era justo.

Los habitantes de las colonias querían
ser libres. Querían convertirse en una
10 nueva nación.

El rey de Inglaterra no quería que las colonias se independizaran. Inglaterra y las colonias entraron en guerra en 1775.

Los colonos escribieron la Declaración de Independencia. Declaraba que las colonias serían una nueva nación.

La Declaración de Independencia se terminó de escribir el 4 de julio de 1776. Éste fue el primer Día de la independencia.

13

Los colonos ganaron la Guerra
Revolucionaria en 1781.

En 1783, las colonias se convirtieron en los Estados Unidos de América. Y los colonos se convirtieron en estadounidenses.

Celebrar el Día de la independencia

En el Día de la independencia se celebra a los Estados Unidos.

Las personas observan los desfiles.

Miran los fuegos artificiales.

Dan gracias por su libertad.

Los símbolos del Día de la independencia

El Día de la independencia, las personas izan la bandera estadounidense.

La bandera estadounidense es un símbolo de libertad.

Calendario

julio

4

El Día de la independencia es el 4 de julio.

Glosario ilustrado

colonias grupos de personas gobernados por otro país

independencia libertad

rey gobernante de algunos países

guerra lucha entre dos o más países o grupos

Índice

Nota a padres y maestros

Antes de leer

Explique que cada 4 de julio los estadounidenses celebran el Día de la independencia. Pida a los niños que comenten sus experiencias del Día de la independencia. Explique brevemente que esta fiesta no es sólo un momento para picnics y ver fuegos artificiales, sino también el momento en que los estadounidenses celebran el "cumpleaños" de su país. ¡Canten "Feliz cumpleaños" con entusiasmo!

Después de leer

Organice un desfile del Día de la independencia. Reúna materiales de arte y pida a los niños que hagan serpentinas, sombreros, banderines, banderas y otros accesorios típicos de un desfile. Lleve música, ¡y que comience a tocar la banda! Saque su desfile a la calle marchando alrededor del salón, la casa o el patio de recreo.